L'homme sans pays

Edward Everett Hale

Writat

Cette édition parue en 2024

ISBN : 9789359949017

Publié par
Writat
email : info@writat.com

Introduction

L'amour de la patrie est un sentiment si universel que ce n'est que dans les rares occasions où ce livre a été créé qu'il est nécessaire d'en discuter ou de le justifier. Il y a une déclaration parfaitement absurde de Charles Kingsley, dans la préface d'un de ses livres, écrit il y a cinquante ans, dans laquelle il dit que s'il peut y avoir loyauté envers un roi ou une reine, il ne peut y avoir de loyauté envers son pays.

Cette histoire de Philip Nolan a été écrite dans la période la plus sombre de la guerre civile, pour montrer ce qu'est l'amour de la patrie. Il y avait alors des gens qui pensaient que si leurs conseils avaient été suivis, il n'y aurait pas eu de guerre civile. Il y avait des personnes dont les activités quotidiennes étaient grandement perturbées par la guerre civile. Cela prouvait que la leçon était une leçon reçue avec plaisir. J'ai reçu des lettres de marins qui l'ont lu alors qu'ils se trouvaient dans nos escadrons de blocus à l'entrée des ports du Sud. J'ai reçu des lettres d'hommes qui l'ont lu peu après la campagne de Vicksburg. Et par d'autres moyens, j'ai eu de nombreuses illustrations de son utilité dans ce que j'ai le droit d'appeler la période la plus sombre de la République.

Nous ne sommes pas aujourd'hui dans la période la plus sombre de la République.

Cette nation ne souhaite jamais faire la guerre. Toute notre politique est une politique de paix, et la paix est la protection de la civilisation chrétienne à laquelle nous sommes attachés. Il est toujours souhaitable d'apprendre aux jeunes hommes et aux jeunes femmes, aux vieillards et aux vieilles femmes, et à toutes sortes de gens, à comprendre ce qu'est le pays. C'est un Être. L'Éternel, Dieu des nations, l'a appelé à l'existence et l'a placé ici avec certains devoirs pour la défense de la civilisation du monde.

Le but de cette parabole, qui décrit la vie d'un homme qui tentait de se séparer de son pays, était de montrer à quel point son erreur était terrible.

Il n'est pas nécessaire qu'un homme maudisse les États-Unis, comme l'a fait Philip Nolan, ou qu'il dise qu'il espère ne plus jamais entendre son nom, pour qu'il soit souhaitable qu'il réfléchisse aux leçons impliquées dans la parabole. de sa vie. Tout homme est « sans pays qui, par ses moqueries, ou en regardant en arrière, ou en révélant les secrets de son pays à son ennemi, arrête pendant une heure les mouvements qui conduisent à la paix entre les nations du monde, ou affaiblit le bras du la nation dans sa détermination à garantir la justice entre les hommes et, en général, à garantir la vie plus large de son peuple. » Il n'a pas condamné les États-Unis par un serment oral.

C'est quand même un enfant ignoble.

Il y a un progrès certain et visible dans les affaires de ce monde. Jésus-Christ, à la fin de sa vie, a prié Dieu pour que tous les hommes deviennent un : « Comme toi, Père, tu es en moi, et moi en toi, afin qu'eux aussi soient un en nous ».

L'histoire du monde, depuis dix-huit cent soixante-dix ans depuis qu'il a parlé, a montré la réalisation constante de l'espérance exprimée dans cette prière.

Les hommes sont plus proches de l'unité — ils sont plus près de l'être — qu'ils ne l'étaient alors.

Ainsi, à ce moment-là, chaque tribu de l'Amérique inconnue était en guerre les unes contre les autres. À l'heure actuelle, il n'y a pas une seule arme hostile utilisée par un Américain contre un autre, depuis le cap Bathurst au nord jusqu'à la pointe sud de la Patagonie.

A cette époque, l'Asie, l'Afrique et l'Europe étaient le théâtre d'une même discorde. L'Europe elle-même sait si peu de choses sur elle-même que personne ne prétendrait dire quels Barbes Longues égorgeaient d'autres Barbes Longues, ou quels Écossais étaient en embuscade pour quels Britanniques, au cours d'une année quelconque du premier siècle de notre ère.

Appelez-la « Philosophie de l'Histoire » ou appelez-la « Providence de Dieu », il est certain que l'unité de la race humaine s'est affirmée comme le Sauveur de l'humanité l'avait dit.

Dans cette unité croissante de l'humanité , il est arrivé que le sultan de Turquie ne puisse permettre le massacre des chrétiens arméniens sans répondre de cette autorisation devant le monde.

Il est arrivé qu'aucun vice-roi, au service d'une femme qui est la tutrice d'un garçon, ne puisse être autorisé à affamer à son gré deux cent mille enfants de Dieu. Le monde est si étroitement uni, c'est-à-dire que l'unité est si réelle, que lorsqu'un tel vice-roi entreprend de commettre une telle iniquité, quelqu'un lui tient la main.

L'histoire de Philip Nolan a été publiée dans une telle crise qu'elle a attiré l'attention et l'intérêt du public. Cela répondait au goût du public patriote du moment. Il a été copié partout sans le moindre respect pour le droit d'auteur. Il a d'ailleurs été beaucoup plus imprimé en Angleterre qu'en Amérique. Immédiatement, une série de spéculations ont commencé à apparaître, basées sur ce que vous auriez considéré comme une erreur sans importance de ma part. Mon héros est un personnage purement imaginaire. Les critiques ont raison de dire que non seulement un tel homme n'a jamais existé, mais qu'il n'aurait jamais pu exister. Mais il lui fallait un nom. Et le choix d'un nom dans un roman est une question d'une importance essentielle, comme cela s'est avéré ici.

Or, j'avais un héros qui était un jeune homme en 1807. Il ne connaissait à cette époque que la vallée du fleuve Mississippi. « Il avait fait ses études dans une plantation où la meilleure compagnie était un officier espagnol ou un marchand français d'Orléans. Il doit donc avoir un nom familier aux Occidentaux de cette époque. Eh bien, je me suis souvenu que dans les mémoires absurdes du général James Wilkinson, chaque fois qu'il avait un problème plus grave que d'habitude à expliquer, il disait que les papiers avaient été perdus lorsque M. Nolan était emprisonné ou tué au Texas. Ce M. Nolan, comme Wilkinson l'appelle généralement, avait été engagé avec Wilkinson dans certaines spéculations concernant principalement les chevaux. En me souvenant de cela, j'ai pris le nom de Nolan pour mon héros. J'ai fait de mon homme le frère du vrai homme. "Il avait passé la moitié de sa jeunesse avec un frère aîné, à chasser les chevaux au Texas." Et encore : « il attrapait des chevaux sauvages au Texas avec son aventureux cousin ». [Note : Les jeunes auteurs remarqueront peut-être qu'il est appelé frère dans un endroit et cousin dans un autre, car de tels lapsus se produiraient dans un récit réel. Les correcteurs ne les aiment pas, mais ils donnent une plausibilité à l'histoire.] J'avais l'impression que le partenaire de Wilkinson s'appelait Stephen, et comme Philip et Stephen étaient tous deux évangélistes dans la Bible, j'ai nommé mon homme Philip Nolan, en supposant que la mère qui nommait un fils Stephen en nommerait un autre Philippe. Ce n'est qu'un an plus tard qu'en relisant les « Mémoires » de Wilkinson, j'ai découvert à mon grand étonnement, pour ne pas dire à mon désarroi, que le partenaire de Wilkinson s'appelait Philip Nolan. Nous avions donc deux Philip Nolan , l'un, véritable personnage historique, assassiné par les Espagnols le 21 mars 1801, à Waco, au Texas ; l'autre, un personnage purement imaginaire inventé par moi-même, qui apparaît pour la première fois le 23 septembre 1807, devant une cour martiale à Fort Adams.

Je supposais que personne d'autre que moi en Nouvelle-Angleterre n'avait jamais entendu parler de Philip Nolan. Mais dans le Sud-Ouest, au Texas et en Louisiane, cela ne fait que soixante-deux ans que les Espagnols l'ont assassiné. En vérité, c'est la mort de Nolan, le véritable Philip Nolan, tué par un gouverneur espagnol alors qu'il détenait le sauf-conduit d'un autre, qui souleva dans le Sud-Ouest cette vague d'indignation qui aboutit à l'indépendance du Texas. Je pense que l'État du Texas ferait bien, aujourd'hui, de placer la statue du véritable Phil Nolan au Capitole de Washington, à côté de celle de Sam Houston.

Au milieu de la guerre, l'histoire fut publiée dans le "Atlantic Monthly" de décembre 1863. Dans le Sud-Ouest, "l'Atlantique" pénétra immédiatement dans les régions où le véritable Phil Nolan était connu. Un écrivain du "New Orleans Picayune", dans un article historique minutieux, a longuement expliqué que je m'étais trompé tout au long, que Philip Nolan n'était jamais allé en mer, mais au Texas. J'ai reçu une lettre d'une dame de Baltimore qui me disait que deux de ses sœurs veuves vivaient dans ce quartier. Malheureusement pour moi, cette lettre, rédigée en toute bonne foi, était signée EFM Fachtz . Je recevais quotidiennement de nombreuses lettres à ce sujet. Je supposais que ma correspondante cachait son nom et qu'elle était en réalité « avide d'informations supplémentaires ». Alors qu'en réalité j'ai eu le plaisir de la rencontrer un an ou deux après, les deux sœurs veuves du vrai Phil Nolan étaient toutes les deux mortes.

Mais en 1876, j'ai eu la chance, sur l'aimable invitation de M. Miner, de rendre visite à sa famille dans leur belle plantation de Terre Bonne. Là, j'ai vu un vieux nègre qui était un garçon lorsque Maître Phil Nolan a quitté pour la dernière fois l'ancienne plantation sur le fleuve Mississippi. Maître Phil Nolan avait alors épousé Miss Fanny Lintot , qui était, je crois, la tante de mon hôte. Il me permit de copier la miniature du jeune aventurier.

Depuis, j'ai fait de mon mieux pour réparer l'erreur par laquelle j'ai donné le nom de Philip Nolan à une autre personne, en racontant l'histoire de son sort dans un livre intitulé « Les amis de Philip Nolan ». Pour les besoins de ce livre, j'ai étudié l'histoire de la tentative de Miranda contre l'Espagne et les préparatifs de John Adams pour une descente du fleuve Mississippi. Les historiens professionnels des États-Unis se montrent très réticents à traiter ces thèmes. A l'époque où John Adams avait une petite armée à Cincinnati, prête à descendre et à prendre la Nouvelle-Orléans, il n'y avait pas de correspondants occidentaux pour l'Eastern Press.

Moins d'un an après la publication de « L'Homme sans pays » dans « Atlantic », plus d'un demi-million d'exemplaires de l'histoire avaient été imprimés en Amérique et en Angleterre. J'avais des récits curieux de l'armée et de la marine sur l'intérêt avec lequel il était lu par les messieurs de service. Un de nos officiers de l'État du Mississippi a prêté l'« Atlantic » à une dame de la famille Miner. Elle courut dans le salon en criant : « Voici un homme qui sait tout sur oncle Phil Nolan. » Un officier de l'Ohio, qui entra dans la ville de Jackson, dans le Mississippi, avec Grant, me dit qu'il s'était rendu immédiatement à la State House. Les choses y étaient très confuses, et il ramassa sur le sol un papier contenant l'examen de *Philip Nolan* , à Walnut Springs, l'ancien nom de Vicksburg. C'était avant la dernière expédition du vrai Philip. Les autorités des États-Unis, dans l'exécution des lois de neutralité, l'avaient mis en cause et lui avaient fait prouver qu'il avait la permission du gouverneur de la Nouvelle-Orléans pour son expédition.

En 1876, je visitai la Louisiane et le Texas pour obtenir du matériel pour « Les amis de Philip Nolan ». J'y ai obtenu plusieurs autographes du véritable Phil Nolan, et le procès-verbal espagnol original d'un des procès des survivants de son parti, procès qui aboutit à la cruelle exécution d'Ephraim Blackburn, sept ans après son arrestation. Toute cette transaction, totalement ignorée par tous les historiens des États-Unis que je connais, est une triste tache sur l'administration américaine des rois espagnols. Leur excuse est la confusion de tout à Madrid entre 1801 et 1807. La haine des autorités mexicaines parmi nos frontaliers du Sud-Ouest est en grande partie due au déshonneur et à la cruauté de ces transactions.

EDWARD E. HALE.

L'HOMME SANS PAYS

Je suppose que très peu de lecteurs occasionnels du "New York Herald" du 13 août 1863 ont observé, [Note 2] dans un coin obscur, parmi les "Décès", l' annonce suivante :

"NOLAN. Décédé, à bord de la Corvette américaine 'Levant' [Note 3] Lat. 2°   11'   S., Long. 131° W., le 11 mai, PHILIP NOLAN."

Il m'est arrivé de l'observer, parce que j'étais bloqué à l'ancienne Mission House de Mackinaw, en attendant un bateau à vapeur du lac Supérieur qui n'avait pas choisi de venir, et je dévorais jusqu'au chaume toute la littérature actuelle que je pouvais trouver, même jusqu'aux décès et aux mariages rapportés dans le "Herald". Ma mémoire des noms et des personnes est bonne, et le lecteur verra au fur et à mesure que j'avais suffisamment de raisons de me souvenir de Philip Nolan. Il y a des centaines de lecteurs qui se seraient arrêtés à cette annonce, si l'officier du « Levant » qui l'a rapporté avait choisi de le faire ainsi : « Mort, le 11 mai, L'HOMME SANS PAYS ». Car c'était sous le nom d'« Homme sans patrie » que le pauvre Philip Nolan était généralement connu des officiers qui le commandaient pendant une cinquantaine d'années, comme d'ailleurs de tous les hommes qui naviguaient sous leurs ordres. J'ose dire qu'il y a beaucoup d'hommes qui ont pris du vin avec eux une fois tous les quinze jours, au cours d'une croisière de trois ans, qui n'ont jamais su que son nom était « Nolan », ni si le pauvre malheureux avait un nom.

Il ne peut plus y avoir de mal à raconter l'histoire de cette pauvre créature. Il y a eu une raison suffisante jusqu'à présent, depuis la fin de l'administration de Madison en 1817, pour un secret très strict, le secret de l'honneur lui-même, entre les messieurs de la marine qui ont eu Nolan comme responsable successif. Et cela témoigne certainement de l' *esprit de corps* de la profession et de l'honneur personnel de ses membres que le fait que l'histoire de cet homme soit restée totalement inconnue de la presse et, je pense, du pays dans son ensemble également. J'ai des raisons de penser, d'après certaines enquêtes que j'ai faites dans les Archives navales lorsque j'étais attaché au Bureau of Construction, que tous les rapports officiels le concernant ont été brûlés lorsque Ross a incendié les bâtiments publics de Washington. L'un des Tucker, ou peut-être l'un des Watson, avait Nolan aux commandes à la fin de la guerre ; et quand, au retour de sa croisière, il se présenta à Washington à l'un des Crowninshields , qui était au Département de la Marine lorsqu'il rentra chez lui, il découvrit que le Département ignorait toute l'affaire. S'ils n'en savaient vraiment rien, ou si c'était un " *Non mi Ricordo* », déterminé comme une mesure politique, je ne le sais pas. Mais ce que je sais, c'est que depuis 1817, et peut-être avant, aucun officier de marine n'a mentionné Nolan dans son rapport de croisière.

Mais comme je l'ai dit, le secret n'est plus nécessaire. Et maintenant que le pauvre être est mort, il me semble utile de raconter un peu son histoire, afin de montrer aux jeunes Américains d'aujourd'hui ce que signifie être UN HOMME SANS PAYS.

PHILIP NOLAN était un aussi bon jeune officier qu'il y en avait dans la « Légion de l'Ouest », comme on appelait alors la division occidentale de notre armée. Quand Aaron Burr [Note 5] fit sa première expédition fringante à la Nouvelle-Orléans en 1805, à Fort Massac, ou quelque part au-dessus de la rivière, il rencontra, comme le voulait le Diable, ce jeune homme gai, fringant et brillant ; lors d'un dîner, je pense. Burr le marquait, lui parlait, marchait avec lui, lui faisait faire un jour ou deux de voyage dans son bateau plat et, en un mot, le fascinait. L'année suivante, la vie en caserne fut très apprivoisée pour le pauvre Nolan. Il profitait parfois de la permission que le grand homme lui avait donnée pour lui écrire. De longues lettres orgueilleuses et guinchées que le pauvre garçon écrivait, réécrivait et copiait. Mais il n'a jamais eu une réponse du trompeur gay. Les autres garçons de la garnison se moquaient de lui, parce qu'il perdait le plaisir qu'ils trouvaient à tirer ou à ramer pendant qu'il rédigeait ces grandes lettres à son grand ami. Ils ne comprenaient pas pourquoi Nolan restait seul pendant qu'ils jouaient au jack high-low. Le poker n'était pas encore inventé. Mais le jeune homme ne tarda pas à prendre sa revanche. Cette fois-ci, Son Excellence l'honorable Aaron Burr apparaissait encore sous un aspect très différent. Des rumeurs couraient selon lesquelles il avait une armée derrière lui et tout le monde supposait qu'il avait un empire devant lui. A cette époque, tous les jeunes l'enviaient. Burr n'avait pas parlé depuis vingt minutes avec le commandant avant de lui demander d'envoyer chercher le lieutenant Nolan. Puis, après une petite conversation, il demanda à Nolan s'il pouvait lui montrer quelque chose du grand fleuve et les plans du nouveau poste. Il demanda à Nolan de l'emmener dans sa barque pour lui montrer une canne à sucre ou un peuplier, comme il disait, — vraiment pour le séduire ; et au moment où la navigation fut terminée, Nolan était enrôlé corps et âme. A partir de ce moment-là, même s'il ne le savait pas encore, il vécut comme UN HOMME SANS PAYS.

Ce que Burr voulait faire, je ne le sais pas plus que vous, cher lecteur. Ce ne sont pas nos affaires pour le moment. Seulement, lorsque survint la grande catastrophe, et que Jefferson et la maison de Virginie de l'époque entreprirent de briser sur la roue tous les Clarences possibles de la maison d'York d'alors, par le grand procès pour trahison de Richmond, certains des moindres fretins de cette région La lointaine vallée du Mississippi, qui était plus éloignée de nous que ne l'est aujourd'hui Puget's Sound, introduisit la même nouveauté sur leur scène provinciale ; et, pour passer la monotonie de l'été à Fort Adams, il organisa, pour spectacle, une série de cours martiales contre les officiers qui s'y trouvaient. Les uns et les autres colonels et majors furent jugés, et, pour compléter la liste, le petit Nolan, contre qui, Dieu sait, il y avait suffisamment de preuves, — qu'il en avait assez du service, avait bien voulu y mentir. , et aurait obéi à n'importe quel ordre de marcher n'importe où avec quiconque le suivrait si l'ordre avait été signé, "Par ordre de Son Exc. A. Burr." Les tribunaux s'éternisent. Les grosses mouches se sont échappées, à juste titre, autant que je sache. Nolan a été suffisamment reconnu coupable, comme je l'ai dit ; pourtant, vous et moi n'aurions jamais entendu parler de lui, lecteur, sans que, lorsque le président du tribunal lui demanda à la fin s'il souhaitait dire quelque chose pour montrer qu'il avait toujours été fidèle aux États-Unis, il s'écria : dans un accès de frénésie,—

"Au diable les États-Unis ! J'aimerais ne plus jamais entendre parler des États-Unis !"

Je suppose qu'il ne savait pas à quel point ces paroles avaient choqué le vieux colonel Morgan, [Note 6] qui tenait le tribunal. La moitié des officiers qui y siégeaient avaient servi pendant la Révolution, et leur vie, pour ne pas dire leur vie, avait été risquée pour cette idée même qu'il maudissait si cavalièrement dans sa folie. Lui, lui, avait grandi dans l'Ouest de l'époque, au milieu du « complot espagnol », du « complot d'Orléans » et de tout le reste. Il avait fait ses études dans une plantation où la meilleure compagnie était un officier espagnol ou un marchand français d'Orléans. Son éducation, telle qu'elle était, s'était perfectionnée lors d'expéditions commerciales à Vera Cruz, et je crois qu'il m'a raconté que son père avait engagé un jour un Anglais comme précepteur privé pour un hiver dans la plantation. Il avait passé la moitié de sa jeunesse avec un frère aîné, à chasser les chevaux au Texas ; et, en un mot, pour lui, les « États-Unis » n'étaient guère une réalité. Pourtant, il avait été nourri par les « États-Unis » pendant toutes les années depuis qu'il était dans l'armée. Il avait juré sur sa foi de chrétien d'être fidèle aux « États-Unis ». Ce sont les « États-Unis » qui lui ont donné l'uniforme qu'il portait, et l'épée à son côté. Non, mon pauvre Nolan, c'est seulement parce que les « États-Unis » t'avaient d'abord choisi comme l'un de ses hommes d'honneur de confiance que « A. Burr » se souciait un peu plus de toi que des hommes de bateau plat qui naviguaient sur son arche. pour lui. Je n'excuse pas Nolan; J'explique seulement au lecteur pourquoi il a damné son pays et a souhaité ne plus jamais entendre son nom.

Il n'entendit son nom qu'une fois de plus. Depuis ce moment, le 23 septembre 1807, jusqu'au jour de sa mort, le 11 mai 1863, il n'a plus jamais entendu son nom. Pendant ce demi-siècle et plus, il fut un homme sans patrie.

Le vieux Morgan, comme je l'ai dit, était terriblement choqué. Si Nolan avait comparé George Washington à Benedict Arnold, ou s'il avait crié : « Que Dieu sauve le roi George », Morgan ne se serait pas senti plus mal. Il appela le tribunal dans son cabinet particulier, et revint au bout d'un quart d'heure, avec un visage comme un drap, pour dire :

"Prisonnier, écoutez la sentence de la Cour ! La Cour décide, sous réserve de l'approbation du Président, que vous n'entendrez plus jamais le nom des États-Unis."

Nolan a ri. Mais personne d'autre n'a ri. Le vieux Morgan était trop solennel et toute la pièce resta silencieuse comme la nuit pendant une minute. Même Nolan a perdu son aplomb en un instant. Puis Morgan ajouta :

"Monsieur le maréchal, emmenez le prisonnier à Orléans dans un bateau armé et livrez-le là-bas au commandant de la marine."

Le maréchal donna ses ordres et le prisonnier fut emmené hors du tribunal.

« M. Marshal, continua le vieux Morgan, veillez à ce que personne ne mentionne les États-Unis au prisonnier. M. Marshal, présentez mes respects au lieutenant Mitchell à Orléans et demandez-lui d'ordonner que personne ne mentionne les États-Unis au prisonnier. " Le prisonnier pendant qu'il est à bord du navire. Vous recevrez ce soir vos ordres écrits de l'officier de service ici. La Cour est ajournée sans jour. "

J'ai toujours supposé que le colonel Morgan lui-même avait emmené les débats du tribunal à Washington et les avait expliqués à M. Jefferson. Il est certain que le président les a approuvés, — certain, du moins, si j'en crois les hommes qui disent avoir vu sa signature. Avant que le « Nautilus » ne quitte la Nouvelle-Orléans pour se rendre sur la côte nord de l'Atlantique avec le prisonnier à bord, la sentence avait été approuvée et il était un homme sans patrie.

Le plan alors adopté était sensiblement le même qui fut nécessairement suivi depuis toujours. Peut-être que cela était suggéré par la nécessité de l'envoyer par eau depuis Fort Adams et Orléans. Le secrétaire à la Marine – ce devait être le premier Crowninshield , bien que ce soit un homme dont je ne me souviens pas – fut prié de mettre Nolan à bord d'un navire gouvernemental à destination d'une longue croisière et d'ordonner qu'il ne soit que dans la mesure du possible. confiné là pour s'assurer qu'il n'a jamais vu ni entendu parler du pays. Nous faisions alors peu de longues croisières et la marine était très en disgrâce ; et comme presque toute cette histoire est traditionnelle, comme je l'ai expliqué, je ne sais avec certitude quelle fut sa première croisière. Mais le commandant à qui il était confié , — c'était peut-être Tingey ou Shaw, bien que je pense que c'était l'un des plus jeunes hommes — nous sommes tous assez vieux maintenant — régnait sur l'étiquette et les précautions de l'affaire, et selon Selon son projet, ils furent exécutés, je suppose, jusqu'à la mort de Nolan.

Lorsque j'étais second officier de l'Intrepid, quelque trente ans plus tard, j'ai vu le document d'instructions original. Depuis, je suis désolé de ne pas l'avoir copié en entier. Cependant, cela se passait de la manière suivante :

"WASHINGTON (avec une date qui devait être tardive en 1807).

" Monsieur, — Vous recevrez du lieutenant Neale la personne de Philip Nolan, défunt lieutenant dans l'armée des États-Unis.

"Cette personne, lors de son procès devant une cour martiale, a exprimé, sous serment, le souhait de ne plus jamais entendre parler des États-Unis".

"Le tribunal l'a condamné à ce que son souhait soit exaucé.

"Pour le moment, l'exécution de l'ordre est confiée par le Président à ce Département.

"Vous emmènerez le prisonnier à bord de votre navire et l'y garderez avec toutes précautions qui empêcheront son évasion.

"Vous lui fournirez les logements, les rations et les vêtements qui conviendraient à un officier de son dernier grade, s'il était passager sur votre navire pour les affaires de son gouvernement .

"Les messieurs à bord prendront toutes les dispositions qui leur conviennent concernant sa société. Il ne doit être exposé à aucune indignité d'aucune sorte, et il ne faut jamais lui rappeler inutilement qu'il est prisonnier.

" Mais en aucune circonstance il ne doit jamais entendre parler de son pays ni voir aucune information le concernant ; et vous avertirez particulièrement tous les officiers sous votre commandement de veiller à ce que, dans les diverses indulgences qui pourront être accordées, cette règle, dans lequel sa punition est impliquée, ne sera pas brisé.

« L'intention du gouvernement est qu'il ne reverra plus jamais le pays qu'il a renié. Avant la fin de votre croisière , vous recevrez des ordres qui donneront effet à cette intention.

" Respectueusement vôtre
", W. SOUTHARD, pour le"Secrétaire à la Marine"

Si seulement j'avais conservé la totalité de ce papier, il n'y aurait pas de rupture dans le début de mon esquisse de cette histoire. Car le capitaine Shaw, si c'était lui, l'a remis à son successeur, et lui au sien, et je suppose que le commandant du "Levant" l'a aujourd'hui comme autorité pour garder cet homme sous cette douce garde.

La règle adoptée à bord des navires sur lesquels j'ai rencontré « l'homme sans patrie » a été, je pense, transmise dès l'origine. Aucun désordre n'aimait l'avoir en permanence, parce que sa présence coupait toute conversation sur la maison ou sur la perspective d'un retour, de politique ou de lettres, de paix ou de guerre, et coupait plus de la moitié des conversations que les hommes aimaient avoir en mer. Mais on a toujours pensé trop fort qu'il ne devrait jamais nous rencontrer, sauf pour toucher des chapeaux, et nous avons finalement sombré dans un seul système. Il n'était pas autorisé à parler avec les hommes, à moins qu'un officier ne soit présent. Avec les officiers, il avait des relations sexuelles sans restriction, autant qu'eux et lui le souhaitaient. Mais il est devenu timide, même s'il avait des favoris : j'en faisais partie. Ensuite, le capitaine l'invitait toujours à dîner le lundi. Chaque gâchis successif répondit à l'invitation à son tour. Selon la taille du navire, vous l'aviez plus ou moins souvent à votre mess au dîner. Il prenait son petit-déjeuner dans sa propre cabine – il avait toujours une cabine – où une sentinelle ou quelqu'un de garde pouvait voir la porte. Et tout ce qu'il mangeait ou buvait, il mangeait ou buvait seul. Parfois, lorsque les marines ou les marins avaient une réjouissance particulière, ils étaient autorisés à inviter des « Plain-Buttons », comme ils l'appelaient. Ensuite, Nolan fut envoyé avec un officier, et il fut interdit aux hommes de parler de chez eux pendant qu'il était là. Je crois que la théorie était que la vue de sa punition leur faisait du bien. Ils l'appelaient « Plain-Buttons », car, s'il choisissait toujours de porter un uniforme militaire réglementaire, il n'était pas autorisé à porter le bouton militaire, car il portait soit les initiales, soit les insignes du pays dans lequel il se trouvait. avait renié.

Je me souviens que peu de temps après avoir rejoint la marine, j'étais à terre avec quelques-uns des officiers les plus âgés de notre navire et du « Brandywine », que nous avions rencontrés à Alexandrie. Nous avions la permission de faire une fête et de monter au Caire et aux Pyramides. Pendant que nous courions (vous alliez alors à dos d'âne), quelques messieurs (nous, les garçons, les appelions « Dons », mais l'expression avait depuis longtemps changé) se mirent à parler de Nolan, et quelqu'un raconta le système qui avait été adopté depuis l'époque. d'abord à propos de ses livres et autres lectures. Comme il n'était presque jamais autorisé à descendre à terre, même si le navire restait au port pendant des mois, son temps, au mieux, était lourd ; et chacun était autorisé à lui prêter des livres, s'ils n'étaient pas publiés en Amérique et n'y faisaient aucune allusion. C'était assez courant autrefois, quand les gens de l'autre hémisphère parlaient aussi peu des États-Unis que nous du Paraguay. Il possédait presque tous les papiers étrangers qui arrivaient tôt ou tard à bord du navire ; il suffit que quelqu'un les examine d'abord et supprime toute publicité ou paragraphe parasite faisant allusion à l'Amérique. C'était parfois un peu cruel, quand le dos de ce qui était découpé pouvait être aussi innocent qu'Hésiode. En plein milieu d'une bataille de

Napoléon ou d'un discours de Canning, le pauvre Nolan trouvait un grand trou, car au verso de la page de ce journal il y avait une annonce d'un paquet pour New York, ou un morceau de papier provenant de New York. le message du Président. Je dis que c'était la première fois que j'entendais parler de ce projet, dont j'ai ensuite eu assez et plus qu'assez de choses à faire. Je m'en souviens, parce que le pauvre Phillips, qui était de la partie, dès que l'allusion à la lecture fut faite, raconta l'histoire de quelque chose qui s'était passé au cap de Bonne-Espérance lors du premier voyage de Nolan ; et c'est la seule chose que j'ai jamais connue de ce voyage. Ils avaient touché au Cap et avaient fait affaire civile avec l'amiral anglais et la flotte, puis, partant pour une longue croisière dans l'océan Indien, Phillips avait emprunté à un officier beaucoup de livres anglais qui, dans ces jours, comme d'ailleurs pendant ces jours-là, c'était une véritable aubaine. Parmi eux, comme le Diable l'ordonnerait, se trouvait le "Lay du dernier ménestrel", dont ils avaient tous entendu parler, mais que la plupart d'entre eux n'avaient jamais vu. Je pense qu'il n'aurait pas pu être publié longtemps. Eh bien, personne ne pensait qu'il pouvait y avoir un quelconque risque de quelque chose de national là-dedans, même si Phillips avait juré que le vieux Shaw avait coupé la "Tempête" de Shakespeare avant de le laisser à Nolan, parce qu'il disait "les Bermudes devraient être à nous, et, par Jupiter, ça devrait être un jour." Nolan a donc été autorisé à rejoindre le cercle un après-midi alors que beaucoup d'entre eux étaient assis sur le pont, fumant et lisant à haute voix. Les gens ne font plus ce genre de choses si souvent maintenant ; mais quand j'étais jeune, nous perdions beaucoup de temps. Eh bien, il se trouve qu'à son tour Nolan prend le livre et le lit aux autres ; et il lisait très bien, comme je le sais. Personne dans le cercle ne connaissait un vers du poème, seulement c'était de la magie et de la chevalerie frontalière, et c'était il y a dix mille ans. Le pauvre Nolan lut régulièrement le cinquième chant, s'arrêta une minute et but quelque chose, puis commença, sans penser à ce qui allait arriver :

« Respire là l'homme à l'âme si morte,
qui ne s'est jamais dit : » —

Il nous semble impossible que quelqu'un ait jamais entendu cela pour la première fois ; mais tous ces gens l'ont fait alors, et le pauvre Nolan lui-même a continué, toujours inconsciemment ou machinalement :

"C'est ma propre terre, ma terre natale !"

Alors ils comprirent tous qu'il y avait quelque chose à payer ; mais il s'attendait à s'en sortir, je suppose, il devint un peu pâle, mais se lança :

« Dont le cœur n'a jamais brûlé en lui,
comme il a ramené ses pas chez lui après avoir erré sur une rive
étrangère ? -
 S'il y en a qui respirent, allez, remarquez-le bien », —

À ce moment-là, les hommes étaient tous hors d'eux-mêmes, souhaitant qu'il y ait un moyen de lui faire tourner deux pages ; mais il n'avait pas vraiment de présence d'esprit pour cela ; il eut un petit haut-le-cœur, devint cramoisi, et continua à chanceler :

"Pour lui, aucun ravissement de ménestrel ne gonfle;
Même si ses titres sont élevés, fier de son nom, Sa richesse sans limites, comme le désir peut le réclamer, Malgré ces titres, pouvoir et pouvoir, Le misérable, tout concentré en lui-même," -

Et ici, le pauvre garçon s'étouffa, ne put continuer, mais sursauta, balança le livre dans la mer, disparut dans sa chambre d'apparat. "Et par Jupiter," dit Phillips, "nous ne l'avons pas revu pendant deux mois. Et j'ai dû inventer une histoire misérable à ce chirurgien anglais pour expliquer pourquoi je ne lui avais pas rendu son Walter Scott.

Cette histoire raconte l'époque où la fanfaronnade de Nolan a dû s'effondrer. Au début, disait-on, il prenait un ton très haut, considérait son emprisonnement comme une farce, affectait de jouir du voyage, et tout ça ; mais Phillips a déclaré qu'après être sorti de sa cabine, il n'était plus jamais le même homme. Il ne lisait plus jamais à haute voix, sauf s'il s'agissait de la Bible, de Shakespeare ou de quelque chose d'autre dont il était sûr. Mais ce n'était pas simplement cela. Il n'est plus jamais entré avec les autres jeunes gens exactement comme compagnon. Il a toujours été timide par la suite, quand je l'ai connu, et parlait très rarement, à moins qu'on lui parle, sauf à très peu d'amis. Il s'éclairait de temps en temps — je me souviens l'avoir entendu assez tard dans sa vie assez éloquent sur quelque chose qui lui avait été suggéré par un sermon de Fléchier — mais en général il avait l'air nerveux et fatigué d'un homme blessé au cœur.

Quand le capitaine Shaw rentrait à la maison, — si, comme je l'ai dit, c'était Shaw —, à la surprise générale, ils firent une des îles du Vent et restèrent en repos pendant près d'une semaine. Les garçons ont dit que les officiers en avaient assez des cochonneries salées et qu'ils avaient l'intention de manger de la soupe aux tortues avant de rentrer à la maison. Mais après plusieurs jours, le « Warren » arriva au même rendez-vous ; ils échangèrent des signaux ; elle envoya à Phillips et à ces hommes de retour des lettres et des papiers, et leur dit qu'elle était en route, peut-être vers la Méditerranée, et ramena le pauvre Nolan et ses pièges sur le bateau pour tenter sa deuxième croisière. Il avait l'air très vide lorsqu'on lui a dit de se préparer à la rejoindre. Il connaissait suffisamment les signes du ciel pour savoir que jusqu'à ce moment il rentrait « chez lui ». Mais c'était là une preuve évidente de quelque chose auquel il n'avait peut-être pas pensé : il ne pouvait pas rentrer chez lui, même en prison. Et ce fut le premier d'une vingtaine de transferts de ce genre, qui l'amenèrent tôt ou tard sur la moitié de nos meilleurs navires, mais qui le retinrent toute sa vie à au moins quelques centaines de milles du pays dont il avait espéré ne plus jamais entendre parler.

C'est peut-être lors de cette deuxième croisière, — c'était une fois, alors qu'il remontait la Méditerranée, — que Mme Graff, la célèbre beauté méridionale de l'époque, a dansé avec lui. Ils reposaient depuis longtemps dans la baie de Naples, et les officiers étaient très intimes dans la flotte anglaise, et il y avait eu de grandes festivités, et nos hommes pensèrent qu'ils devaient donner un grand bal à bord du navire. Comment ont-ils fait cela à bord du « Warren », je suis sûr de ne pas le savoir. Peut-être que ce n'était pas le « Warren », ou peut-être que les dames n'occupaient pas autant de place qu'aujourd'hui. Ils voulaient utiliser la cabine de Nolan pour quelque chose, et ils détestaient le faire sans l'inviter au bal ; alors le capitaine a dit qu'ils pourraient lui demander, s'ils seraient responsables qu'il ne parle pas avec les mauvaises personnes, "qui lui donnerait des renseignements". Ainsi la danse continua, la plus belle fête qui ait jamais été connue, j'ose dire ; car je n'ai jamais entendu parler d'un ballon de guerre qui ne l'était pas. Pour dames, ils avaient la famille du consul américain, un ou deux voyageurs qui avaient aventuré jusqu'ici, et une jolie bande de jeunes filles et de matrones anglaises, peut-être Lady Hamilton elle-même.

Eh bien, différents officiers se sont relayés en se levant et en discutant amicalement avec Nolan, afin d'être sûrs que personne d'autre ne lui parlait. La danse continua avec entrain, et au bout d'un moment même les camarades qui prenaient cette garde honoraire de Nolan cessèrent de craindre aucun *contretemps*. Ce n'est que lorsqu'une dame anglaise – Lady Hamilton, comme je l'ai dit, peut-être – a demandé une série de « danses américaines », qu'une chose étrange s'est produite. Tout le monde a ensuite dansé des contre-danses. Le groupe noir, qui n'avait rien de répugnant, discuta de ce qu'étaient les « danses américaines » et commença par « Virginia Reel », qu'ils suivirent de « Money-Musk », qui, à son tour, à cette époque, aurait dû être suivi de «Le vieux treize». Mais juste au moment où Dick, le chef, tapait pour que ses violons commencent, et se penchait en avant, sur le point de dire, dans un véritable état de nègre : « « Les Vieux Treize », messieurs et dames ! » comme il l'avait dit "" Virginny Reel ", s'il vous plaît!" et "'Money-Musk', s'il vous plaît!" le garçon du capitaine lui tapota l'épaule, lui murmura quelque chose, et il ne prononça pas le nom de la danse ; il s'est contenté de s'incliner, a commencé à parler, et ils sont tous tombés. Les officiers apprenaient la figure aux jeunes Anglaises, mais ne leur disaient pas pourquoi elle n'avait pas de nom.

Mais ce n'est pas l'histoire que j'ai commencé à raconter. À mesure que la danse continuait, Nolan et nos camarades se mirent tous à l'aise, comme je l'ai dit, à tel point qu'il lui parut tout naturel de s'incliner devant cette splendide Mme Graff et de dire :

"J'espère que vous ne m'avez pas oublié, Miss Rutledge. Aurai-je l'honneur de danser ?"

Il l'a fait si vite que Fellows, qui était avec lui, n'a pas pu l'en empêcher. Elle a ri et a dit :

"Je ne suis plus Miss Rutledge, M. Nolan; mais je danserai quand même", se contenta de faire un signe de tête à Fellows, comme pour lui dire qu'il devait lui laisser M. Nolan, et il l'emmena à l'endroit où se déroulait la danse. se formait.

Nolan pensait avoir eu sa chance. Il l'avait connue à Philadelphie et l'avait rencontrée ailleurs, et c'était une aubaine. On ne pouvait pas parler dans les contre-danses, comme dans les cotillons, ni même dans les pauses des valses ; mais il y avait des chances pour les langues et les sons, ainsi que pour les yeux et les rougeurs. Il a commencé par ses voyages, et l'Europe, et le Vésuve, et les Français ; puis, quand ils eurent fini de travailler et eurent ce long temps de conversation au bas du décor, il dit hardiment, — un peu pâle, dit-elle, en me racontant l'histoire des années après, —

"Et qu'entendez-vous de chez vous, Mme Graff ?"

Et cette splendide créature le regardait. Jupiter! comme elle a dû le regarder à travers lui !

"À la maison !! M. Nolan !!! Je pensais que vous étiez l'homme qui ne voulait plus jamais entendre parler de chez lui!" - et elle monta directement sur le pont vers son mari et laissa le pauvre Nolan seul, comme il l'était toujours . Il n'a plus dansé. Je ne peux pas donner de lui une histoire avec ordre ; personne ne le peut maintenant ; et, en effet, je n'essaie pas de le faire.

Ce sont ces traditions que je démêle, comme je les crois, des mythes qu'on raconte sur cet homme depuis quarante ans. Les mensonges qui ont été racontés à son sujet sont légion. Les gars disaient qu'il était le « Masque de Fer » ; et le pauvre George Pons alla jusqu'à sa tombe, croyant que c'était l'auteur de « Junius », qui était puni pour sa célèbre diffamation contre Thomas Jefferson. Pons n'était pas très fort dans la ligne historique.

Une histoire plus heureuse que celle que j'ai racontée est celle de la guerre. Cela est arrivé peu de temps après. J'ai entendu raconter cette affaire de trois ou quatre manières, et, en effet, cela s'est peut-être produit plus d'une fois. Mais sur quel navire il se trouvait, je ne peux pas le dire. Cependant, dans l'un au moins des grands duels de frégates avec les Anglais, dans lequel la marine fut réellement baptisée [Note 8], il arriva qu'un boulet de l'ennemi entra dans la place d'un de nos ports et prit à droite. abattre l'officier du canon lui-même et presque tous les hommes de l'équipage du canon. Maintenant, vous pouvez dire ce que vous voulez en matière de courage, mais ce n'est pas une chose agréable à voir. Mais, tandis que les hommes qui n'avaient pas été tués se relevaient et qu'eux et les gens du chirurgien emportaient les corps, Nolan apparut, en manches de chemise, le pilon à la main, et, comme s'il avait été l'officier, leur a dit avec autorité, - qui devrait aller au cockpit avec les blessés, qui devrait rester avec lui, - parfaitement joyeux, et de cette manière qui donne aux hommes la certitude que tout va bien et que tout va bien. avoir raison. Et il acheva de charger le fusil de ses propres mains, le visa et ordonna aux hommes de tirer. Et il resta là, capitaine de ce canon, gardant ces gars dans le moral jusqu'à ce que l'ennemi frappât, - assis sur le chariot pendant que le canon refroidissait, bien qu'il fût tout le temps exposé, - leur montrant des moyens plus faciles de manier les tirs lourds, — faisant rire les mains brutes de leurs propres erreurs, — et lorsque l'arme refroidissait à nouveau, la chargeant et tirant deux fois plus souvent que n'importe quelle autre arme à bord du navire. Le capitaine s'avança pour encourager les hommes, et Nolan toucha son chapeau et dit :

"Je leur montre comment nous procédons dans l'artillerie, monsieur."

Et c'est la partie de l'histoire où toutes les légendes s'accordent ; le commodore dit :

"Je vois que vous le faites, et je vous remercie, monsieur ; et je n'oublierai jamais ce jour, monsieur, et vous ne l'oublierez jamais, monsieur."

Et une fois que tout fut fini, et qu'il eut l'épée de l'Anglais, au milieu de l'état et de la cérémonie du gaillard d'arrière, il dit :

"Où est M. Nolan ? Demandez à M. Nolan de venir ici."

Et quand Nolan est arrivé, il a dit :

"M. Nolan, nous vous sommes tous très reconnaissants aujourd'hui ; vous êtes l'un des nôtres aujourd'hui ; vous serez nommé dans les dépêches ."

Et puis le vieil homme ôta sa propre épée de cérémonie, la donna à Nolan et lui fit la mettre. C'est l'homme qui m'a dit qui l'a vu. Nolan a pleuré comme un bébé, et c'est bien possible. Il n'avait pas porté d'épée depuis ce jour infernal à Fort Adams. Mais toujours après, lors des cérémonies, il portait cette vieille épée française pittoresque du commodore .

Le capitaine l'a mentionné dans les dépêches . On a toujours dit qu'il demandait à être gracié. Il écrivit une lettre spéciale au secrétaire à la Guerre. Mais rien n'en est jamais sorti. Comme je l'ai dit, c'est à peu près à cette époque qu'ils ont commencé à ignorer l'ensemble de la transaction à Washington et que l'emprisonnement de Nolan a commencé à se poursuivre parce qu'il n'y avait personne pour l'arrêter sans de nouveaux ordres de chez lui.

J'ai entendu dire qu'il était avec Porter lorsqu'il a pris possession des îles Nukahiwa . Pas ce Porter, vous savez, mais le vieux Porter, son père, Essex Porter, c'est-à-dire le vieux Essex Porter, pas cet Essex. [Note 9] En tant qu'officier d'artillerie ayant servi dans l'Ouest, Nolan en savait plus sur les fortifications, les embrasures, les ravelins, les palissades, et tout cela, que n'importe lequel d'entre eux ; et il a travaillé avec bonne volonté pour réparer cette batterie. J'ai toujours pensé que c'était dommage que Porter ne l'ait pas laissé aux commandes avec Gamble. Cela aurait réglé toute la question de sa punition. Nous aurions dû conserver les îles et, à l'heure actuelle, nous devrions avoir une seule station dans l'océan Pacifique. Nos amis français aussi, lorsqu'ils voulaient ce petit point d'eau, auraient trouvé qu'il était préoccupé. Mais Madison et les Virginiens, bien sûr, ont rejeté tout cela.

Tout cela s'est passé il y a près de cinquante ans. Si Nolan avait alors trente ans, il devait en avoir près de quatre-vingts lorsqu'il est mort. Il avait l'air de soixante ans quand il en avait quarante. Mais il ne m'a jamais semblé changer de cheveux par la suite. Si j'imagine sa vie, d'après ce que j'en ai vu et entendu, il a dû être sur toutes les mers, et pourtant presque jamais sur terre. Il a dû connaître, de manière formelle, plus d'officiers dans notre service que n'importe quel homme vivant n'en connaît. Il m'a dit un jour, avec un sourire grave, qu'aucun homme au monde ne menait une vie aussi méthodique que lui. "Tu sais que les garçons disent que je suis le Masque de Fer, et tu sais à quel point il était occupé." Il a dit qu'il n'était pas pertinent pour quiconque d'essayer de lire tout le temps, pas plus que de faire autre chose tout le temps ; et qu'il ne lisait que cinq heures par jour. « Ensuite, dit-il, je tiens mes cahiers, j'y écrivais à telle ou telle heure ce que j'ai lu ; et j'y inclut mes carnets de coupures. C'étaient vraiment très curieux. Il en avait six ou huit, de sujets différents. Il y en avait un sur l'histoire, un sur les sciences naturelles, un qu'il appelait « De tout et de rien ». Mais il ne s'agissait pas simplement de recueils d'extraits de journaux. Ils portaient des morceaux de plantes et des rubans, des coquillages attachés et des morceaux d'os et de bois sculptés, qu'il avait appris aux hommes à couper pour lui, et ils étaient magnifiquement illustrés. Il dessinait admirablement. Il y avait là certains des dessins les plus drôles et certains des plus pathétiques que j'aie jamais vu de ma vie. Je me demande qui aura les albums de Nolan.

Eh bien, il a dit que ses lectures et ses notes étaient son métier, et qu'elles lui prenaient respectivement cinq heures et deux heures par jour. « Alors, dit-il, chaque homme devrait avoir une diversion aussi bien qu'une profession. Mon histoire naturelle est ma diversion. Cela prenait deux heures de plus par jour. Les hommes lui apportaient des oiseaux et des poissons, mais lors d'une longue croisière, il devait se contenter de mille-pattes, de cafards et de tout petit gibier. C'était le seul naturaliste que j'aie jamais rencontré qui connaisse quelque chose des habitudes de la mouche domestique et du moustique. Tous ces gens peuvent vous dire s'il s'agit *de Lépidoptères* ou *de Steptopoteras* ; mais quant à savoir comment vous pouvez vous en débarrasser, ou comment ils vous échappent lorsque vous les frappez, pourquoi Linné en savait aussi peu que John Foy, l'idiot. Ces neuf heures constituaient l'« occupation » quotidienne habituelle de Nolan. Le reste du temps, il parlait ou marchait. Jusqu'à ce qu'il devienne très vieux, il monta beaucoup. Il continuait toujours son exercice ; et je n'ai jamais entendu dire qu'il était malade. Si un autre homme était malade, il était le meilleur infirmier du monde ; et il savait que plus de la moitié des chirurgiens le faisaient. Ainsi, si quelqu'un tombait malade ou mourait, ou si le capitaine le souhaitait, à toute autre occasion, il était toujours prêt à lire les prières. J'ai dit qu'il lisait magnifiquement.

Ma propre connaissance de Philip Nolan a commencé six ou huit ans après la guerre anglaise, lors de mon premier voyage après avoir été nommé aspirant. C'était dans les premiers jours après notre traité de traite des esclaves, alors que la Maison régnante, qui était encore la Maison de Virginie, avait encore une sorte de sentimentalisme à l'égard de la suppression des horreurs du Passage du Milieu, et quelque chose était parfois fait de cette façon. . Nous étions dans l'Atlantique Sud pour cette affaire. Dès mon arrivée, je crois que je pensais que Nolan était une sorte d' aumônier laïc, un aumônier avec un manteau bleu. Je n'ai jamais posé de questions sur lui. Tout à bord du navire m'était étrange. Je savais que c'était vert pour poser des questions, et je suppose que je pensais qu'il y avait un « Plain-Buttons » sur chaque navire. Nous le faisions dîner dans notre mess une fois par semaine, et il était averti que ce jour-là, il ne fallait rien dire de la maison. Mais s'ils nous avaient dit de ne rien dire sur la planète Mars ou sur le Livre du Deutéronome, je n'aurais pas demandé pourquoi ; il y avait beaucoup de choses qui me semblaient avoir aussi peu de raison. J'ai compris pour la première fois quelque chose à « l'homme sans patrie » un jour où nous rénovions une sale petite goélette qui transportait des esclaves. Un officier fut envoyé pour la prendre en charge, et, au bout de quelques minutes, il renvoya son bateau pour demander qu'on lui envoie quelqu'un qui parlât portugais. Nous regardions tous par-dessus le bastingage lorsque le message est arrivé, et nous souhaitions tous pouvoir interpréter lorsque le capitaine a demandé qui parlait portugais. Mais aucun des officiers ne l'a fait ; et juste au moment où le capitaine envoyait demander si quelqu'un pouvait le faire, Nolan sortit et dit qu'il serait heureux d'interpréter, si le capitaine le souhaitait, comme il comprenait la langue. Le capitaine l'a remercié, a aménagé un autre bateau avec lui, et dans ce bateau c'était ma chance d'y aller.

Quand nous sommes arrivés là-bas, c'était une scène comme on en voit rarement et qu'on ne veut jamais voir. La méchanceté dépasse toute explication et le chaos se déchaîne au milieu de la méchanceté. Il n'y avait pas beaucoup de nègres ; mais pour faire comprendre à ceux qui étaient présents qu'ils étaient libres, Vaughan s'était fait enlever les menottes et les menottes aux chevilles et, pour des raisons de commodité, il les confiait aux coquins de l'équipage de la goélette. Les nègres étaient, pour la plupart, hors de la cale et grouillaient tout autour du pont sale, avec une foule centrale entourant Vaughan et s'adressant à lui dans tous les dialectes et patois d'un dialecte, du zoulou jusqu'au parisien de Beledeljereed . . [Remarque 10]

Alors que nous arrivions sur le pont, Vaughan baissa les yeux du haut d'un tonneau sur lequel il était monté en désespoir de cause et dit :

"Pour l'amour de Dieu, y a-t-il quelqu'un qui puisse faire comprendre quelque chose à ces misérables ? Les hommes leur ont donné du rhum, et cela ne les a pas calmés. J'ai renversé ce gros gaillard deux fois, et cela ne l'a pas apaisé. Et puis j'ai parlé à Choctaw à tous ensemble ; et je serai pendu s'ils ont compris cela aussi bien qu'ils ont compris les Anglais. »

Nolan a déclaré qu'il pouvait parler portugais, et un ou deux beaux Kroomen ont été traînés dehors, qui, comme on l'avait déjà découvert, avaient travaillé pour les Portugais sur la côte de Fernando Po.

« Dites-leur qu'ils sont libres », a déclaré Vaughan ; "et dites-leur que ces coquins doivent être pendus dès que nous aurons suffisamment de corde."

Nolan « a mis cela en espagnol », c'est-à-dire qu'il l'a expliqué dans le portugais que les Kroomen pouvaient comprendre, et eux à leur tour à ceux des nègres qui pouvaient les comprendre. Puis il y eut un tel cri de joie, des claquements de poings, des sauts et des danses, des baisers aux pieds de Nolan, et une ruée générale vers la baraque en guise d'adoration spontanée de Vaughan, en tant que deus *ex machina* de l'occasion.

"Dites-leur ", dit Vaughan, très content, "que je les emmènerai tous au Cap Palmas."

Cela n'a pas si bien répondu. Le Cap Palmas était pratiquement aussi éloigné de la plupart d'entre eux que la Nouvelle-Orléans ou Rio Janeiro ; c'est-à-dire qu'ils seraient éternellement séparés de leur foyer là-bas. Et leurs interprètes, comme nous pouvions le comprendre, dirent aussitôt : « *Ah, non Palmas* », et commencèrent à proposer une infinité d'autres expédients dans un langage des plus volubile. Vaughan fut plutôt déçu du résultat de sa libéralité et demanda avec impatience à Nolan ce qu'ils disaient. Les gouttes tombèrent sur le front blanc du pauvre Nolan, tandis qu'il faisait taire les hommes et disait :

"Il dit : 'Pas Palmas.' Il dit : « Ramenez-nous à la maison, emmenez-nous dans notre propre pays, emmenez-nous dans notre propre maison, emmenez-nous chez nos propres pickaninnies et nos propres femmes. » Il dit qu'il a un vieux père et une vieille mère qui mourront s'ils ne le voient pas. Et celui-ci dit qu'il a laissé son peuple tout malade et qu'il a pagayé jusqu'à Fernando pour supplier le médecin blanc de venir les aider, et que ces démons " Je l'ai surpris dans la baie, juste en vue de chez moi, et qu'il n'a jamais revu personne de chez lui depuis lors. Et celui-ci dit, " s'étrangla Nolan, " qu'il n'a pas eu de nouvelles de chez lui depuis six mois, alors qu'il a été enfermé dans un barracoon infernal.

Vaughan a toujours dit qu'il devenait lui-même grisonnant tandis que Nolan se débattait avec cette interprétation : Moi, qui ne comprenais rien à la passion impliquée, j'ai vu que les éléments mêmes fondaient avec une chaleur fervente, et que quelque chose devait payer quelque part. Même les nègres eux-mêmes cessèrent de hurler, lorsqu'ils virent l'agonie de Nolan et l'agonie de sympathie presque égale de Vaughan. Aussi vite qu'il put trouver ses mots, il dit :

" Dites -leur oui, oui, oui ; dites-leur qu'ils iront aux Montagnes de la Lune, s'ils le veulent. Si je fais naviguer la goélette à travers le Grand Désert Blanc, ils rentreront chez eux ! "

Et d'une manière ou d'une autre, Nolan l'a dit. Et puis ils recommencèrent tous à l'embrasser et voulurent lui frotter le nez avec le leur.

Mais il ne put le supporter longtemps ; et faisant dire à Vaughan qu'il pourrait rentrer , il m'a fait signe de monter dans notre bateau. Alors que nous nous étendions dans les écoutes arrière et que les hommes cédaient, il me dit : « Jeune, que cela te montre ce que c'est que d'être sans famille, sans foyer et sans pays. Et si jamais tu es Si vous êtes tenté de dire un mot ou de faire quelque chose qui mettrait un obstacle entre vous et votre famille, votre maison et votre pays, priez Dieu dans sa miséricorde de vous ramener cet instant chez vous, dans son propre paradis. mon garçon ; oublie que tu as un moi, pendant que tu fais tout pour lui. Pense à ta maison, mon garçon ; écris, envoie et parle-en. Qu'elle soit de plus en plus proche de ta pensée, plus tu dois t'en éloigner ; et retournez-y quand vous serez libre, comme ce pauvre esclave noir le fait maintenant. Et pour votre pays, mon garçon," et les mots claquèrent dans sa gorge, "... et pour ce drapeau," et il montra le navire, "ne rêvez jamais que de la servir comme elle vous le demande, même si ce service vous mènera à travers mille enfers. Peu importe ce qui vous arrive, peu importe qui vous flatte ou qui vous maltraite, ne regardez jamais un autre drapeau, ne laissez jamais un la nuit passe mais vous priez Dieu de bénir ce drapeau. Souviens-toi, mon garçon, que derrière tous ces hommes avec qui tu as affaire, derrière les officiers, le gouvernement et même les gens, il y a le pays lui-même, ton pays, et que tu lui appartiens comme tu appartiens à ta propre mère. Reste à ses côtés, mon garçon, comme tu serais aux côtés de ta mère, si ces démons là-bas s'étaient emparés d'elle aujourd'hui ! »

J'étais mort de peur devant sa passion calme et dure ; mais j'ai gaffé que je le ferais, par tout ce qui était saint, et que je n'avais jamais pensé à faire autre chose. Il semblait à peine m'entendre ; mais il dit presque à voix basse : « Oh, si quelqu'un me l'avait dit quand j'avais ton âge !

Je crois que c'est cette demi-confiance de sa part, dont je n'ai jamais abusé, car je n'ai jamais raconté cette histoire jusqu'à présent, qui nous a fait depuis de grands amis. Il était très gentil avec moi. Souvent, il s'asseyait, ou même se levait, la nuit, pour se promener sur le pont avec moi, quand c'était mon quart. Il m'a expliqué une grande partie de mes mathématiques, et je lui dois mon goût pour les mathématiques. Il m'a prêté des livres et m'a aidé dans mes lectures. Il n'a plus jamais fait allusion aussi directement à son histoire ; mais de tel ou tel officier, j'ai appris, en trente ans, ce que je dis. Lorsque nous l'avons quitté dans le port de Saint-Thomas, à la fin de notre croisière, j'étais plus désolé que je ne peux le dire. J'étais très heureux de le revoir en 1830 ; et plus tard dans ma vie, alors que je pensais avoir une certaine influence à Washington, j'ai remué ciel et terre pour le faire renvoyer. Mais c'était comme sortir un fantôme de prison. Ils ont prétendu qu'un tel homme n'existait pas et qu'il n'y en a jamais eu. Ils le diront au Département maintenant ! Peut-être qu'ils ne le savent pas. Ce ne sera pas la première chose au service de laquelle le Département semble ne rien savoir !

On raconte que Nolan a rencontré Burr une fois sur l'un de nos navires, lorsqu'un groupe d'Américains est monté à bord en Méditerranée. Mais je crois que c'est un mensonge ; ou plutôt, c'est un mythe, *ben trovato*, impliquant une explosion formidable avec laquelle il a coulé Burr, — en lui demandant comment il aimait être « sans pays ». Mais il ressort clairement de la vie de Burr que rien de tel n'aurait pu arriver ; et je ne mentionne cela que pour illustrer les histoires qui se déroulent là où il y a le moins de mystère au fond.

Philip Nolan, le pauvre garçon, se repentit de sa folie, puis, comme un homme, se soumit au sort qu'il avait demandé. Il n'a jamais intentionnellement ajouté à la difficulté ou à la délicatesse de la charge de ceux qui le tenaient sous ses ordres. Des accidents se produiraient ; mais jamais de sa faute. Le lieutenant Truxton m'a dit que, lorsque le Texas a été annexé, il y a eu une discussion approfondie entre les officiers pour savoir s'ils devaient mettre la main sur le bel ensemble de cartes de Nolan et en supprimer le Texas , de la carte du monde et de la carte du Mexique. . Les États-Unis avaient été exclus lorsque l'atlas lui avait été acheté. Mais il a été voté, à juste titre, que cela reviendrait virtuellement à lui révéler ce qui s'était passé ou, comme le disait Harry Cole, à lui faire croire qu'Old Burr avait réussi. Ce n'est donc pas la faute de Nolan qu'un grand échec s'est produit à ma propre table, alors que, pendant une courte période, j'étais aux commandes de la corvette George Washington, sur la station sud-américaine. Nous étions couchés sur le La Plata, et quelques-uns des officiers qui étaient à terre et qui venaient de le rejoindre, nous divertissaient en racontant leurs mésaventures en montant les chevaux à moitié sauvages de Buenos Ayres. Nolan était à table et était d' humeur inhabituellement brillante et bavarde. Une histoire de chute lui rappela sa propre aventure alors qu'il attrapait des chevaux sauvages au Texas avec son aventureux cousin, à une époque où il Mais j'ai été un sacré garçon. Il raconta l'histoire avec beaucoup d' entrain, à tel point que le silence qui suit souvent une bonne histoire resta un instant au-dessus de la table, pour être rompu par Nolan lui-même. Car il a demandé parfaitement inconsciemment.

"Je vous prie, qu'est devenu le Texas ? Après que les Mexicains eurent obtenu leur indépendance, je pensais que cette province du Texas se développerait très rapidement. C'est vraiment l'une des plus belles régions du monde ; c'est l'Italie de ce continent. Mais j'ai pas vu ni entendu un mot du Texas depuis près de vingt ans.

Il y avait deux officiers texans à la table. La raison pour laquelle il n'avait jamais entendu parler du Texas était que le Texas et ses affaires avaient été douloureusement exclus de ses journaux depuis qu'Austin avait commencé ses colonies ; de sorte que, tandis qu'il lisait sur le Honduras et Tamaulipas, et, jusqu'à tout récemment, sur la Californie, cette province vierge, dans laquelle son frère avait voyagé si loin et, je crois, était mort, avait cessé de lui être. Waters et Williams, les deux Texas, se regardèrent d'un air sombre et essayèrent de ne pas rire. Edward Morris fut attiré par le troisième maillon de la chaîne du lustre du capitaine. Watrous fut pris d'une convulsion d'éternuements. Nolan lui-même a vu que quelque chose devait payer, il ne savait pas quoi. Et moi, en tant que maître du festin, je devais dire :

"Le Texas est hors de la carte, M. Nolan. Avez-vous vu le curieux récit du capitaine Back sur l'accueil de Sir Thomas Roe ?"

Après cette croisière, je n'ai plus jamais revu Nolan. Je lui écrivais au moins deux fois par an, car au cours de ce voyage nous devenions même confidentiellement intimes ; mais il ne m'a jamais écrit. Les autres hommes me disent qu'au cours de ces quinze années, il a vieilli très vite, aussi bien qu'il pourrait l'être, mais qu'il était toujours le même patient doux, sans plainte et silencieux qu'il a toujours été, supportant du mieux qu'il pouvait la punition qu'il s'était imposée . – un peu moins sociable, peut-être, avec de nouveaux hommes qu'il ne connaissait pas, mais plus soucieux, apparemment, que jamais de servir, de se lier d'amitié et d'instruire les garçons, dont certains semblaient l'adorer à juste titre. Et maintenant, il semble que ce cher vieux soit mort. Il a enfin trouvé un foyer et un pays.

Depuis que j'ai écrit ceci, et en réfléchissant si je l'imprimerais ou non , pour avertir les jeunes Nolan , Vallandigham et Tatnall d'aujourd'hui de ce que signifie jeter un pays, j'ai reçu de Danforth, qui est à bord le « Levant », une lettre qui raconte les dernières heures de Nolan. Cela dissipe tous mes doutes quant à la narration de cette histoire. Le lecteur comprendra la lettre de Danforth, ou plutôt le début de celle-ci, s'il se souvient qu'après dix ans d'exil de Nolan, tous ceux qui le dirigeaient se trouvaient dans une position très délicate. Le gouvernement n'avait pas renouvelé l'ordonnance de 1807 le concernant. Que devait faire un homme ? Doit-il le laisser partir ? Et s'il était mis en cause par le ministère pour avoir violé l'ordonnance de 1807 ? Doit-il le garder ? Et si Nolan était un jour libéré et intentait une action pour séquestration ou enlèvement contre tous les hommes qui l'avaient à sa charge ? J'ai insisté et insisté sur ce point auprès de Southard, et j'ai des raisons de penser que d'autres officiers ont fait la même chose. Mais le secrétaire d'État a toujours dit, comme on le fait si souvent à Washington, qu'il n'y avait pas d'ordres spéciaux à donner et que nous devions agir selon notre propre jugement. Cela signifie : « Si vous réussissez, vous serez soutenu ; si vous échouez, vous serez désavoué ». Eh bien, comme le dit Danforth, tout cela est terminé maintenant, même si je ne le sais pas, mais je m'expose à des poursuites pénales sur la base de la révélation même que je fais.

Voici la lettre :—

LEVANT, 2° 2' S. @ 131° O.

"CHER FRED : - J'essaie de trouver du cœur et de la vie pour vous dire que tout est fini avec ce cher vieux Nolan. J'ai été avec lui dans ce voyage plus que jamais, et je peux tout à fait comprendre maintenant la façon dont vous " J'avais l'habitude de parler de ce cher vieux. Je voyais qu'il n'était pas fort, mais je ne savais pas que la fin était si proche. Le médecin l'a surveillé très attentivement, et hier matin est venu me voir et m'a dit que Nolan était pas très bien, et n'avait pas quitté sa cabine , chose dont je ne me souviens jamais auparavant. Il avait laissé le médecin venir le voir alors qu'il était étendu là, la première fois que le médecin était venu dans la cabine, et il a dit qu'il aimerait me voir. Oh, mon Dieu ! vous souvenez-vous des mystères que nous, les garçons, inventions à propos de sa chambre, à l'époque des Intrépides ? Eh bien, je suis entré, et là, bien sûr, le pauvre Cet homme gisait dans sa couchette, souriant agréablement en me tendant la main, mais l'air très fragile. Je ne pus m'empêcher de jeter un coup d'œil autour de moi, ce qui me montra quel petit sanctuaire il avait fait de la boîte dans laquelle il était couché. étaient dessinés au-dessus et autour d'une image de Washington, et il avait peint un aigle majestueux, avec des éclairs flamboyants de son bec et son pied enserrant tout juste le globe entier, que ses ailes éclipsaient. Le cher vieux garçon vit mon regard et dit avec un sourire triste : « Ici, voyez-vous, j'ai un pays ! Puis il me montra le pied de son lit, où je n'avais jamais vu auparavant une grande carte des États-Unis, telle qu'il l'avait dessinée de mémoire, et qu'il avait là pour la contempler pendant qu'il était couché. Des noms anciens et étranges y figuraient, en grosses lettres : « Territoire de l'Indiana », « Territoire du Mississippi » et « Territoire de la Louisiane », comme je suppose que nos pères ont appris de telles choses ; mais le vieil homme avait aussi travaillé au Texas ; il avait porté sa frontière ouest jusqu'au Pacifique, mais sur cette rive il n'avait rien défini.

" " Ô Capitaine, " dit-il, " je sais que je suis en train de mourir. Je ne peux pas rentrer à la maison. Vous allez sûrement me dire quelque chose maintenant ? pas sur ce navire, qu'il n'y a pas en Amérique, que Dieu la bénisse !, d'homme plus loyal que moi. Il ne peut y avoir un homme qui aime le vieux drapeau comme moi, ou qui prie pour lui comme je le fais, ou qui espère pour lui. Je le fais comme je le fais. Il y a trente-quatre étoiles dedans maintenant, Danforth. Je remercie Dieu pour cela, même si je ne sais pas quels sont leurs noms. Il n'y en a jamais eu une seule qui ait été enlevée : je remercie Dieu pour cela. Je sais par que Burr n'a jamais connu de succès, ô Danforth, Danforth, soupira-t-il, combien l'idée d'un garçon de gloire personnelle ou de souveraineté séparée ressemble à un misérable rêve nocturne, quand on y repense après une vie telle que le mien ! Mais dis- moi… dis-moi quelque chose… dis-moi tout, Danforth, avant de mourir !

"Ingham, je te jure que je me sentais comme un monstre et que je ne lui avais pas tout dit auparavant. Danger ou pas de danger, délicatesse ou pas de délicatesse, qui étais-je, pour que j'aurais dû agir en tyran tout ce temps sur cette chère , saint vieillard, qui avait expié il y a des années, dans toute sa vie d'homme, la folie de la trahison d'un garçon ? " Monsieur Nolan, lui dis-je, je vous dirai tout ce que vous demandez. Seulement, par où dois-je commencer ? " '

"Oh, le sourire béni qui s'est glissé sur son visage blanc ! et il m'a serré la main et a dit : " Que Dieu vous bénisse ! " Dites-moi leurs noms ", a-t-il dit, et il a montré les étoiles sur le drapeau. " Le dernier je Je sais que c'est l'Ohio. Mon père vivait dans le Kentucky. Mais j'ai deviné que le Michigan, l'Indiana et le Mississippi, c'est là que se trouve Fort Adams, ils en font vingt. Mais où sont vos quatorze autres ? Vous n'avez découpé aucun des anciens. , J'espère?'

" Eh bien, ce n'était pas un mauvais texte, et je lui ai dit les noms dans le meilleur ordre possible, et il m'a demandé de prendre sa belle carte et de les dessiner du mieux que je pouvais avec mon crayon. Il était fou de plaisir. à propos du Texas, m'a raconté comment son cousin y était mort ; il avait marqué une croix d'or près de l'endroit où il supposait que sa tombe était ; et il avait deviné le Texas. Puis il fut ravi en voyant la Californie et l' Oregon ; - que, dit-il, il Il l'avait soupçonné en partie parce qu'il n'avait jamais été autorisé à débarquer sur ce rivage, malgré la présence de nombreux navires. « Et les hommes, dit-il en riant, ont emporté bien d'autres choses que des fourrures. » Puis il retourna – mon Dieu, jusqu'où ! – pour s'enquérir du Chesapeake, et de ce qui avait été fait à Barron pour l'avoir livré au Léopard, [Note 11] et si Burr avait déjà essayé à nouveau, – et il grinça des dents avec le seul Il a fait preuve de passion. Mais en un instant, cela s'est terminé et il a dit : « Dieu me pardonne, car je suis sûr que je lui pardonne. » Puis il m'a posé des questions sur l'ancienne guerre, m'a raconté l'histoire vraie de son service d'arme le jour où nous avons pris Java, m'a posé des questions sur ce cher vieux David Porter, comme il l'appelait. Puis il s'est calmé plus tranquillement et très heureux. m'entendre raconter en une heure l'histoire de cinquante ans.

" Comme j'aurais aimé que ce soit quelqu'un qui sache quelque chose ! Mais j'ai fait de mon mieux. Je lui ai parlé de la guerre anglaise. Je lui ai parlé de Fulton et du début du bateau à vapeur. Je lui ai parlé du vieux Scott et de Jackson ; je lui ai parlé lui tout ce à quoi je pouvais penser sur le Mississippi, la Nouvelle-Orléans, le Texas et son propre vieux Kentucky. Et pensez-vous, il a demandé qui commandait la « Légion de l'Ouest ». Je lui ai dit qu'il s'agissait d'un très vaillant officier nommé Grant et que, d'après nos dernières nouvelles, il était sur le point d'établir son quartier général à Vicksburg. Puis : « Où était Vicksburg ? J'ai calculé cela sur la carte ; c'était à environ cent milles, plus ou moins, au-dessus de son ancien Fort Adams ; et j'ai pensé que

Fort Adams devait être une ruine maintenant. « Ce doit être dans la plantation du vieux Vick, à Walnut Hills. » dit-il : 'eh bien, ça change !'

« Je vous le dis, Ingham, c'était une chose difficile de condenser l'histoire d'un demi-siècle dans cette conversation avec un malade. Et je ne sais pas maintenant ce que je lui ai dit, sur l'émigration et les moyens de celle-ci,… des bateaux à vapeur, des chemins de fer et des télégraphes, des inventions, des livres et de la littérature, des collèges, de West Point et de l'école navale, mais avec les interruptions les plus étranges que vous ayez jamais entendues. Vous voyez, c'était Robinson Crusoé. poser toutes les questions accumulées depuis cinquante-six ans !

"Je me souviens qu'il m'a demandé tout d'un coup qui était président maintenant ; et quand je lui ai dit, il m'a demandé si le vieil Abe était le fils du général Benjamin Lincoln. Il a dit qu'il avait rencontré le vieux général Lincoln, alors qu'il était lui-même un petit garçon, à un traité indien. J'ai répondu non, que le vieux Abe était un Kentuckien comme lui, mais je ne pouvais pas lui dire de quelle famille ; il avait gravi les échelons. « Tant mieux pour lui ! s'écria Nolan, j'en suis heureux. Comme je l'ai réfléchi et réfléchi, j'ai pensé que notre danger était de maintenir ces successions régulières dans les premières familles. Ensuite, j'ai parlé de ma visite à Washington. Je lui ai parlé de ma rencontre avec le membre du Congrès de l'Oregon, Harding; je lui ai parlé du Smithsonian et de l'expédition d'exploration; je lui ai parlé du Capitole, des statues du fronton et de Crawford's Liberty. , et le Washington de Greenough : Ingham, je lui ai dit tout ce que je pouvais penser qui montrerait la grandeur de son pays et sa prospérité ; mais je n'ai pas pu me résoudre à lui dire un mot de cette rébellion infernale !

"Et il l'a bu et l'a apprécié comme je ne peux pas vous le dire. Il est devenu de plus en plus silencieux, mais je n'ai jamais pensé qu'il était fatigué ou évanoui. Je lui ai donné un verre d'eau, mais il s'est juste mouillé les lèvres et m'a dit Il m'a alors demandé d'apporter le "Livre de prière publique" presbytérien qui se trouvait là, et il m'a dit en souriant qu'il s'ouvrirait au bon endroit, et c'est ce qui s'est produit. Il y avait son double rouge j'ai noté la page ; et je me suis agenouillé et j'ai lu, et il a répété avec moi : « Pour nous-mêmes et pour notre pays, ô Dieu miséricordieux, nous remercions Ceux-ci, de ce que, malgré nos multiples transgressions de Tes saintes lois, Tu nous as continué Ton merveilleuse bonté", et ainsi de suite jusqu'à la fin de cette action de grâce. Puis il se tourna vers la fin du même livre, et je lis les mots qui me sont plus familiers : " De tout cœur, nous vous implorons de votre faveur de voir et de bénir votre serviteur. " Danforth, dit-il, j'ai répété ces prières nuit et matin, cela fait maintenant cinquante-cinq ans. " Et puis il a dit qu'il allait dormir. Il m'a penché sur lui et m'a embrassé ; et il a dit : "Regardez dans ma Bible, Capitaine, quand je serai parti." Et je suis parti.

"Mais je ne pensais pas que c'était la fin : je pensais qu'il était fatigué et qu'il allait dormir. Je savais qu'il était heureux et je voulais qu'il soit seul.

"Mais au bout d'une heure, lorsque le médecin entra doucement, il découvrit que Nolan avait respiré sa vie avec un sourire. Il avait quelque chose pressé près de ses lèvres. C'était l'insigne de l'Ordre de Cincinnati de son père.

"Nous avons regardé dans sa Bible, et il y avait un bout de papier à l'endroit où il avait annoté le texte.—

"'Ils désirent un pays, même céleste : c'est pourquoi Dieu n'a pas honte d'être appelé leur Dieu : car il leur a préparé une ville.'

« Sur ce bout de papier il avait écrit :

"'Enterrez-moi dans la mer; cela a été ma maison et je l'aime. Mais quelqu'un ne posera-t-il pas une pierre à ma mémoire [Note 12] à Fort Adams ou à Orléans, afin que ma disgrâce ne dépasse pas Dois-je supporter ? Dis là-dessus :

"' *En mémoire de*

"'PHILIP NOLAN,

"' *Lieutenant dans l'armée des États-Unis* .

"'Il aimait son pays comme aucun autre homme ne l'a aimée; mais aucun homme ne méritait moins de sa part.'"

Remarques

[Note 1 :] - Frederic Ingham, le « I » du récit, est censé être un officier à la retraite de la marine américaine.

[Note 2 :] - " *Peu de lecteurs . . . observés* ". En vérité, personne ne l'a observé, car il n'y avait pas d'annonce de ce genre. L'auteur a cependant rencontré plus d'une personne qui lui a assuré avoir vu cet avis. La mémoire humaine est si faillible !

[Note 3:] - *Le "Levant"*. Le " Levant " était une corvette de la marine américaine qui effectua son dernier voyage, avec des dépêches pour un officier américain en Amérique centrale, depuis le port d'Honolulu en 1860. On n'en a plus jamais entendu parler depuis, mais un de ses espars a dérivé sur l'une des îles hawaïennes . J'ai pris son nom intentionnellement, sachant qu'elle était perdue. Il se trouve qu'au moment de la publication de cet article, seuls deux éditeurs américains se souvenaient que le « Levant » n'existait plus. On apprend par la dernière dépêche du capitaine Hunt qu'il avait l'intention de prendre une route vers le nord, vers l'est, en direction de la côte de Californie, plutôt que vers le sud, vers l'équateur. À la demande de M. James D. Hague, qui était à bord du « Levant » pour dire au revoir au capitaine Hunt le jour de son départ de Hilo, une recherche a été effectuée au cours de l'été 1904 pour trouver des récifs ou des îles dans cette région inconnue sur laquelle elle a peut-être fait naufrage. Mais aucun résultat satisfaisant n'a été obtenu.

[Remarque 4 :] -*Madison* . James Madison fut président du 4 mars 1809 au 4 mars 1817. Personnellement , il ne souhaitait pas faire la guerre à l'Angleterre, mais les dirigeants des jeunes hommes du parti démocrate, M. Clay, M. Calhoun et d'autres l'ont poussé contre sa volonté à déclarer la guerre en 1812. La guerre a pris fin par le traité de paix de Gand en 1814. Elle est généralement appelée « la guerre courte ». Les raisons de la guerre étaient multiples. Le plus exaspérant fut l'envoi de marins américains dans la marine anglaise. Au Département d'État américain, il y avait des enregistrements de 6 257 de ces hommes, dont les amis avaient protesté auprès du gouvernement américain. On estime que plus de vingt mille Américains ont été retenus, à un moment ou à un autre, dans de tels services. Pour ceux qui ont besoin d'étudier ce sujet, je recommande « History of our Navy » de Spears, en quatre volumes. Il est dédié « à ceux qui cherchent la paix et la poursuivent ».

[Note 5 :] - Aaron Burr avait été officier pendant la Révolution américaine. Il fut vice-président de 1801 à 1805, lors du premier mandat de l'administration Jefferson. En juillet 1804, lors d'un duel, Burr tua Alexander Hamilton, un célèbre chef du parti fédéral. De ce duel peut dater l'indignation qui le suivit tout au long des années suivantes de sa vie. En 1805, après sa vice-présidence, il entreprit un voyage sur les fleuves Ohio et Mississippi pour étudier la nouvelle acquisition de la Louisiane. Ce nom fut alors donné à tout le pays à l'ouest du Mississipi jusqu'aux Montagnes Rocheuses. L'année suivante, il organisa une expédition militaire, probablement avec le plan, vaguement conçu, de prendre le Texas à l'Espagne. Il fut cependant trahi et arrêté par le général Wilkinson, alors commandant de l'armée américaine, avec qui Burr avait eu des relations intimes. Il fut jugé pour trahison à Richmond mais acquitté.

[Note 6 :] - Le colonel Morgan est un personnage fictif, comme tous les autres dans ce livre, à l'exception d'Aaron Burr.

[Note 7 :] - Le "Lay of the Last Minstrel" est l'un des meilleurs poèmes de Walter Scott. Il a été publié pour la première fois en 1805.

Tout le passage mentionné dans le texte est le suivant : -

Là respire l'homme à l'âme si morte,
qui ne s'est jamais dit : Ceci est à moi, ma terre natale ! Dont le cœur n'a jamais brûlé en lui ,
alors qu'il a détourné ses pas
de son errance sur un rivage étranger ? Si tel est le cas, allez, marquez-le bien ! Pour lui, aucun ravissement de ménestrel n'enfle ; Aussi haut que ses titres, fier de son nom, Sa richesse illimitée autant que le désir peut le réclamer, Malgré ces titres, ce pouvoir et ce pouvoir, Le misérable, concentré tout en lui-même,
Vivant, perdra sa belle renommée, Et, mourant doublement, descendra vers la vile poussière d'où il est sorti, sans pleurs, sans honneur et méconnu.

Ô Calédonie ! austère et sauvage,
Rencontrez une nourrice pour un enfant poétique ! Terre de bruyères brunes et de bois hirsutes ; Pays de la montagne et du déluge.

[Note 8:] - " *Duels de frégates avec les Anglais, dans lesquels la marine fut réellement baptisée* ". Plusieurs grands combats navals au cours de cette courte guerre ont donné à la Marine des États-Unis sa réputation. En effet, ils chargèrent les marines du monde entier. La première de ces grandes batailles est le combat de la « Constitution » et de la « Guerrière », le 19 août 1812.

[Note 9 :] - La frégate « Essex », dirigée par Porter, s'empara des îles Marquises, dans le Pacifique, en 1813. Le capitaine Porter était le père du plus célèbre amiral Porter, qui commandait les forces navales américaines dans le golfe du Mexique. en 1863, lorsque cette histoire a été écrite.

[Note 10 :] - *Beledeljereed*. Un nom arabe. Beled el jerid signifie « Le pays des dattes ». En tant que nom, il a disparu des livres de géographie. Mais il y a cent ans, elle fut attribuée à la partie méridionale de l'Algérie actuelle et, de manière assez vague, à d'autres parties de l'ancienne Numidie. On le trouvera orthographié Biledelgerid . Utiliser ce mot maintenant revient un peu à parler de la Liliput de Gulliver.

[Note 11:] Page 40.-Les croiseurs anglais sur les côtes américaines, dans la grande guerre entre l'Angleterre et Napoléon, revendiquèrent le droit de fouiller les marchands et les bâtiments de guerre américains, pour retrouver, s'ils le pouvaient, les déserteurs de la marine anglaise. . C'était leur façon de montrer leur mépris envers les États-Unis. En 1807, la « Chesapeake », une frégate américaine, fut accueillie par le « Leopard », une frégate anglaise. Elle n'était pas préparée au combat et Barron, son commandant, frappa son drapeau. Il s'agit du malheureux navire qui se rendit au "Shannon" le 3 juin 1813.

[Note 12:] - Personne n'a érigé ce monument. Sa véritable place serait sur les ruines de Fort Adams. Ce fort a été considérablement détruit par le fleuve Mississippi.